Rerum novarum

Encíclica sobre la cuestión obrera

Papa LEÓN XIII

Rerum novarum

Encíclica sobre la cuestión obrera

San Lino Libros

1.ª edición: enero de 2024
© San Lino Libros
Traducción: Pascual M. Montis

ISBN: 979–8872–274–86–5
Impreso en la Unión Europea

Impresión, venta y distribución: Amazon Media EU S.à r.l.

✠

Leo PP. XIII

A los Venerables Hermanos Patriarcas, Primados, Arzobispos, Obispos y demás Ordinarios locales en paz y comunión con la Sede Apostólica.

Papa León XIII

Venerables Hermanos, Salud y Bendición Apostólica.

1. La cuestión obrera

Una vez despertado el afán de novedades que hace tanto tiempo agita a los Estados, necesariamente había de suceder que el deseo de hacer mudanzas en el orden político se extendiera al económico, que tiene con aquel tanto parentesco. Efectivamente, los aumentos recientes de la industria y los nuevos caminos por los que van las artes, el cambio obrado en las relaciones mutuas de amos y jornaleros, el haberse acumulado las riquezas en unos pocos y empobrecido la multitud, la mayor confianza de los obreros en sí mismos, y la unión más estrecha con que unos a otros se han juntado, y finalmente, la corrupción de las costumbres, han hecho estallar la guerra.

La gravedad que envuelve esta guerra, se comprende por la viva expectación que tiene los ánimos suspensos, y por lo que ejercita los ingenios de los doctos, las juntas de los prudentes, las asambleas populares, el juicio de los legisladores y los consejos de los príncipes, de tal manera, que no se halla ya cuestión alguna, por grande que sea, que con más fuerza que ésta preocupe los ánimos de los hombres. Por esto, proponiéndonos como fin la causa de la Iglesia y el bien común, y como otras veces os hemos escrito sobre el gobierno de los pueblos (1), la libertad humana (2), la constitución cristiana de los Estados (3) y otras cosas semejantes, cuanto parecía a propósito para refutar las opiniones engañosas, así y por las mismas causas creemos deber tratar ahora de la cuestión obrera.

2. Angustioso presente

Materia es ésta que ya otras veces, cuando se ha ofrecido la ocasión, hemos tocado; más en esta Encíclica amonéstanos la conciencia de nuestro deber apostólico que tratemos la cuestión de propósito y por completo y de manera que se vean bien los principios que han de dar a esta contienda la solución que demandan la verdad y la justicia.

Pero es ella difícil de resolver y no carece de peligro. Porque difícil es dar la medida justa de los derechos y deberes en que ricos y proletarios, capitalistas y operarios, deben encerrarse. Y peligrosa es una contienda que por hombres turbulentos y maliciosos frecuentemente se tuerce para pervertir el juicio de la verdad y mover a sediciones la multitud. Como quiera que sea, vemos claramente, y en esto convienen todos, que es preciso dar pronto y oportuno auxilio a los hombres de la ínfima clase puesto que sin merecerlo se halla la mayor parte de ellos en una condición desgraciada o inmerecida.

3. Causas del malestar obrero

Pues, destruidos en el pasado siglo los antiguos gremios de obreros, y no habiéndoseles dado en su lugar defensa alguna, por haberse apartado las instituciones y las leyes públicas de la religión de nuestros padres, poco a poco ha sucedido hallarse los obreros entregados, solos e indefensos, por la condición de los tiempos, a la inhumanidad de sus amos y a la desenfrenada codicia de sus competidores. A aumentar el mal, vino la voraz usura; la cual, aunque más de una vez condenada por sentencia de la Iglesia, sigue siempre bajo diversas formas, la misma en su ser, ejercida por hombres avaros y codiciosos. Júntase a esto que la producción y el comercio de todas las cosas están casi del todo en manos de pocos, de tal suerte, que unos cuantos hombres opulentos y riquísimos han puesto sobre la multitud innumerable de proletarios, un yugo que difiere poco del de los esclavos (4).

Remedio propuesto por el socialismo

Para remedio de este mal, los socialistas, después de excitar en los pobres el odio a los ricos, pretenden que es preciso acabar con la propiedad privada y sustituirla con la colectiva, en que los bienes de cada uno sean comunes a todos, atendiendo a su conservación y distribución los que rigen el municipio o tienen el gobierno general del Estado. Con este pasar los bienes de las manos de los particulares a las de la comunidad y repartir luego esos mismos bienes y sus utilidades con igualdad perfecta entre los ciudadanos, creen que podrán curar la enfermedad presente.

Refutación
El socialismo es perjudicial al obrero

Pero tan lejos está este procedimiento de poder dirimir la cuestión, que más bien perjudica a los obreros mismos, y es, además, grandemente injusto, porque hace violencia a los que legítimamente poseen, pervierte los deberes del Estado, e introduce una completa confusión entre los ciudadanos.

Es injusto

La verdad, todos fácilmente entienden que la causa principal de emplear su trabajo los que se ocupan en algún arte lucrativo y el fin que próximamente mira el operario, son estos: procurarse alguna cosa y poseerla como propia con derecho propio y personal. Porque si el obrero presta a otros sus fuerzas y su industria, las presta con el fin de alcanzar lo necesario para vivir y sustentarse; y por esto, con el trabajo que de su parte pone, adquiere un derecho verdadero y perfecto, no sólo para exigir un salario, sino para hacer de éste el uso que quisiere. Luego, si gastando poco de este salario, ahorra algo, y para tener más seguro este ahorro, fruto de su economía, lo emplea en una finca, síguese que la tal finca no es más que aquel salario bajo otra forma; y por lo tanto, la finca, que el obrero así compró debe ser tan suya como lo era el salario, que con su trabajo ganó. Ahora bien, en esto precisamente, consiste, como fácilmente se deja entender, el dominio de bienes muebles e inmuebles. Luego al empeñarse los socialistas en que los bienes de los particulares pasen a la comunidad, empeoran la condición de los obreros, porque quitándoles la libertad de disponer libremente de su salario, les quitan hasta la esperanza de poder aumentar sus bienes propios y sacar de ellos otras utilidades.

4. La solución socialista combate la justicia

Pero, y esto es aún más grave, el remedio que proponen pugna abiertamente con la justicia porque poseer algo como propio y con exclusión de los demás, es un derecho que dio la naturaleza a todo hombre. Y a la verdad, aún en esto hay grandísima diferencia entre el hombre y los demás animales. Porque estos no son dueños de sus actos, sino que se gobiernan por un doble instinto natural que mantiene en ellos despierta la facultad de obrar, y a su tiempo les desenvuelve las fuerzas y determina cada uno de sus movimientos. Muévelos uno de estos instintos a defender su vida y otro a conservar su especie. Y entre ambas cosas fácilmente las alcanzan con solo usar de lo que tienen presente; ni pueden en manera alguna mirar más adelante, porque los mueve sólo el sentido y las cosas singulares que con los sentidos perciben.

Va contra la naturaleza humana

Pero muy distinta es la naturaleza del hombre. Existe en él toda entera y perfecta la naturaleza animal, y por eso, no menos que a los otros animales se ha concedido al hombre, por razón de ésta su naturaleza animal, la facultad de gozar del bien que hay en las cosas corpóreas. Pero esta naturaleza animal, aunque sea en el hombre perfecta, dista tanto de ser ella sola toda la naturaleza humana, que es muy inferior a ésta y destinada a sujetarse a ella y obedecerla. Lo que en nosotros domina y sobresale, lo que nos diferencia específicamente de las bestias, es el entendimiento o la razón. Y por esto, por ser el hombre el solo animal dotado de razón, hay que concederle necesariamente la facultad no sólo de usar las cosas como los demás animales, sino también de poseerlas con derecho estable y perpetuo, tanto aquellas que con el uso se consumen, como las que no.

5. La naturaleza del hombre reclama el dominio y la propiedad privada

Lo cual se ve aún más claro si se estudia en sí y más intensamente la naturaleza del hombre. Este, porque con la inteligencia abarca cosas innumerables y a las presentes junta y enlaza las futuras, y porque además es dueño de sus acciones, y por esto, sujeto a la ley eterna y a la potestad de Dios que todo lo gobierna con providencia infinita, se gobierna él a sí mismo con la providencia de que es capaz su razón, y porque también tiene libertad de elegir aquellas cosas que juzgue más a propósito para su propio bien, no sólo en el tiempo presente, sino también en el futuro. De donde se sigue que debe el hombre tener dominio, no sólo de los frutos de la tierra sino además de la tierra misma, porque de la tierra ve que se producen, para ponerse a su servicio, las cosas necesarias para su porvenir. Las necesidades de todo hombre están sujetas a perpetuas vueltas, y así, satisfechas hoy, vuelven mañana a ejercer su imperio. Debe pues, la naturaleza haber dado al hombre algo estable y que perpetuamente dure, para que de ello perpetuamente pueda esperar el alivio de sus necesidades. Y esta perpetuidad nadie, sino la tierra con su inextinguible fecundidad, puede darla.

6. Rechaza la intromisión del Estado

Ni hay para qué se entrometa en esto el cuidado providencial del Estado, porque más antiguo que el Estado, es el hombre y antes que se formase Estado alguno, debió recibir el hombre de la naturaleza el derecho de cuidar su vida y de su cuerpo. Más el haber dado Dios la tierra a todo el linaje humano, para que use de ella y la disfrute, no se opone de manera alguna a la existencia de propiedades privadas.

Los designios divinos
no se oponen a la propiedad

Porque decir que Dios ha dado la tierra en común a todo el género humano, no es decir que todos los hombres indistintamente sean señores de toda ella, sino que no señaló Dios a ninguno en particular, la parte que había de poseer, dejando a la industria de los individuos y a las leyes de los pueblos la determinación de lo que cada uno en particular había de poseer. Por lo demás, aún después de poseer, entre personas particulares, no cesa la tierra de servir a la utilidad común, pues no hay mortal alguno que no se sustente de lo que produce la tierra. Los que carecen de capital lo suplen con su trabajo, de suerte que con verdad se puede afirmar que todo el arte de adquirir lo necesario para la vida y mantenimiento, se funda en el trabajo que, o se emplea en una finca o en una industria lucrativa, cuyo salario, en último término, de los frutos de la tierra se saca o con ellos se permuta.

7. La propiedad privada es conforme a la naturaleza del hombre

Dedúcese de aquí también, que la propiedad privada es claramente conforme a la naturaleza. Porque las cosas que para conservar la vida, y más aún, las que para perfeccionarla son necesarias, prodúcelas la tierra, es verdad, con grande abundancia, más sin el cultivo y cuidado de los hombres no las podría producir. Ahora bien, cuando en preparar estos bienes naturales gasta el hombre la industria de su inteligencia y las fuerzas de su cuerpo, por el mismo hecho se aplica a sí aquella parte de la naturaleza material que cultivó y en la que dejó impresa una como huella o figura de su propia persona; de modo que no puede menos de ser conforme a la razón que aquella parte la posea el hombre como suya y a nadie de manera alguna le sea lícito violar su derecho.

Sería injusto el despojo de las mejoras efectuadas

Tan clara es la fuerza de estos argumentos que causa admiración ver que haya algunos que piensan de otro modo, resucitando envejecidas opiniones, las cuales conceden, es verdad, al hombre, aun como particular, el uso de la tierra y de los frutos varios que ella, con el cultivo, produce; pero abiertamente le niegan el derecho de poseer como señor y dueño el solar sobre el que levantó un edificio o la hacienda que cultivó, y no ven que, al negar este derecho al hombre, le quitan cosas adquiridas con su trabajo. Pues un campo, cuando lo cultiva la mano y lo trabaja la industria del hombre, cambia muchísimo de condición, hácese de silvestre, fructuoso y de estéril, feraz. Y estas mejoras de tal modo se adhieren y confunden con el terreno, que muchas de ellas son de él inseparables. Ahora bien: que venga a apoderarse y disfrutar del pedazo de tierra en que depositó otro su propio sudor, ¿lo permitirá la justicia? Como los efectos siguen a la causa de que son efectos, así el fruto del trabajo es justo que pertenezca a los que trabajaron.

8. Consentimiento unánime del género humano al respecto

Con razón, pues, la totalidad del género humano, haciendo poco caso de las opiniones discordes de unos pocos, y estudiando diligentemente la naturaleza, halla el fundamento de la división de bienes y de la propiedad privada en la misma ley natural; tanto que, como muy conformes y convenientes a la paz y tranquilidad de la vida, las ha consagrado con el uso de todos los siglos. Este derecho, de que hablamos, lo confirman y hasta con la fuerza lo defienden, las leyes civiles que, cuando son justas, derivan su eficacia de la misma ley natural. Y este mismo derecho sancionaron con su autoridad las divinas leyes, que aun el desear lo ajeno severamente prohíben. No codiciarás la mujer de tu prójimo, ni su casa, ni campo, ni sierva, ni buey, ni asno, ni cosa alguna de las que son suyas (5).

9. La propiedad familiar y la sociedad doméstica

Estos derechos, que a los hombres aun separados competen, se ve que son aún más fuertes si se los considera trabados y unidos con los deberes que los mismos hombres tienen cuando viven en familia. En cuanto a elegir el género de la vida, no hay duda que puede cada uno a su arbitrio escoger una de dos cosas: o seguir el consejo de Jesucristo, guardando virginidad, o ligarse con los vínculos del matrimonio. Ninguna ley humana puede quitar al hombre el derecho natural y primario que tiene a contraer matrimonio, ni puede tampoco ley alguna humana poner de ningún modo límites a la causa principal del matrimonio, cual la estableció la autoridad de Dios, en el principio: Creced y multiplicaos (6). He aquí la familia o sociedad doméstica, pequeña, a la verdad, pero verdadera sociedad y anterior a todo Estado, y que, por lo tanto, debe tener derechos y deberes propios, y que de ninguna manera dependan del Estado. Es menester, pues, traspasar al hombre, como cabeza de familia, aquel derecho de propiedad, que hemos demostrado que la naturaleza dio a cada uno en particular; más aún este derecho es tanto mayor y más fuerte cuanto son más las cosas que en la sociedad doméstica abarca la persona del hombre. Es ley santísima de la naturaleza que deba el padre de familia defender, alimentar, y, con todo género de cuidados, atender a los hijos que engendró; y de la misma naturaleza se deduce que a los hijos, los cuales en cierto modo reproducen y perpetúan la persona del padre, deba éste querer adquirirles y prepararles los medios con que honradamente puedan, en la peligrosa carrera de la vida, defenderse de la desgracia. Y esto no lo puede hacer sino poseyendo bienes útiles, que pueda en herencia transmitir a sus hijos.

El Estado y la familia

Lo mismo que el Estado, es la familia, como antes hemos dicho, una verdadera sociedad, regida por un poder que es propio, a saber: el paterno. Por esto, dentro de los límites que su fin próximo le prescribe, tiene la familia, en el procurar y aplicar los medios que para su bienestar y justa libertad son necesarios, derechos iguales, por lo menos, a los de la sociedad civil. Iguales, por lo menos hemos dicho, porque, como la familia o sociedad doméstica se concibe y de hecho existe antes que la sociedad civil, síguese que los derechos y deberes de aquella son anteriores y más inmediatamente naturales que los de ésta. Y si los ciudadanos, si las familias, al formar parte de una comunidad y sociedad humana hallasen, en vez de auxilio, estorbo, y en vez de defensa disminución de su derecho, sería más bien de aborrecerse que de desearse la sociedad civil.

10. Prioridad de la familia

Querer, pues, que se entrometa el poder civil hasta en lo íntimo del hogar, es un grande y pernicioso error. Cierto que si alguna familia se hallase en extrema necesidad y no pudiese valerse ni salir por sí de ella de manera alguna, justo sería que la autoridad pública remediase esta necesidad extrema, por ser cada una de las familias una parte de la sociedad. Y del mismo modo, si dentro del hogar doméstico surgiera una perturbación grave de los derechos mutuos, interpóngase la autoridad pública para dar a cada uno lo suyo, pues no es justo usurpar los derechos de los ciudadanos, sino protegerlos y asegurarlos con una justa y debida tutela. Pero es menester que aquí se detengan los que tienen el cargo de la cosa pública; pasar de esos límites no lo permite la naturaleza. Porque es tal la patria potestad, que no puede ser ni extinguida ni absorbida por el Estado, puesto que su principio es igual e idéntico al de la vida misma de los hombres. Los hijos son algo del padre, y como una amplificación de la persona del padre; y si queremos hablar con propiedad, no por sí mismos, sino por la comunidad doméstica, en que fueron engendrados, entran a formar parte de la sociedad civil. Y por esta razón, porque los hijos son naturalmente algo del padre, antes de que lleguen a tener el uso de su libre albedrío, están sujetos al cuidado de sus padres(7). Cuando, pues, los socialistas, descuidada la providencia de los padres, introducen en su lugar la del Estado, obran contra la justicia natural, y disuelven la trabazón del hogar doméstico.

11. Consecuencias en la comunidad

Y fuera de esta injusticia, véase demasiado claro cual sería en todas las clases el trastorno y perturbación a lo que seguiría una dura y odiosa esclavitud de los ciudadanos. Abriríase la puerta a mutuos odios, murmuraciones y discordias; quitado al ingenio y diligencia de cada uno todo estímulo, secaríanse necesariamente las fuentes mismas de la riqueza, y esa igualdad que en su pensamiento se forja, no sería realmente otra cosa sino un estado tan triste como innoble de todos los hombres sin distinción alguna. De todo lo cual se ve que aquel dictamen de los socialistas, a saber, que toda propiedad ha de ser común, debe absolutamente rechazarse, porque perjudica a los mismos a quienes se trata de socorrer; pugna con los derechos naturales de los individuos y perturba los deberes del Estado y la tranquilidad común. Quede, pues, sentado que cuando se busca el modo de aliviar a los pueblos, lo que principalmente y como fundamento de todo se ha de tener, es esto: que se debe guardar intacta la propiedad privada. Esto probado, vamos a declarar dónde hay que ir a buscar el remedio que conviene.

SOLUCIÓN PROPUESTA POR LA IGLESIA

12. La intervención de la Iglesia

Confiadamente y con derecho claramente nuestro, entramos a tratar de esta materia: porque cuestión es ésta a la cual no se hallará solución alguna aceptable, si no se acude a la Religión y a la Iglesia. Y como la guarda de la Religión y la administración de la Iglesia principalmente incumbe a Nos, con razón, si calláramos se juzgaría que faltábamos a nuestro deber. Verdad es que cuestión tan grave demanda la cooperación y esfuerzo de otros, a saber: de los príncipes y cabezas de los estados, de los amos y de los ricos, y hasta de los mismos proletarios de cuya suerte se trata; pero, afirmamos, sin duda alguna, que serán vanos cuantos esfuerzos hagan los hombres, si desatienden a la Iglesia. Porque la Iglesia es la que del Evangelio saca doctrinas tales que bastan, o para dirimir completamente esta contienda, o por lo menos, para quitarle toda aspereza y hacerla así más suave; ella es la que trabaja no sólo en instruir el entendimiento, sino en regir con sus preceptos la vida y las costumbres de todos y cada uno de los hombres; ella, la que con muchas y utilísimas instituciones promueve el mejoramiento de la situación de los proletarios; ella, la que quiere y pide que se aúnen los pensamientos y las fuerzas de todas las clases para poner remedio lo mejor que sea posible, a las necesidades de los obreros; y para conseguirlo, cree que se deben emplear, aunque con peso y medida, las leyes mismas y la autoridad del Estado.

I – POR EL INFLUJO DE SU DOCTRINA

13. Sosteniendo la desigualdad humana

Sea, pues, el primer principio, y como la base de todo, que no hay más remedio que acomodarse a la condición humana; que en la sociedad civil no pueden todos ser iguales, los altos y los bajos. Afánanse, es verdad, por ello los socialistas; pero vano es ese afán y contra la naturaleza misma de las cosas. Porque ha puesto en los hombres la naturaleza misma grandísimas y muchísimas desigualdades. No son iguales los talentos de todos, ni igual el ingenio, ni la salud, ni las fuerzas; y a la necesaria desigualdad de estas cosas síguese espontáneamente la desigualdad en la fortuna. Lo cual es claramente conveniente a la utilidad, así de los particulares como de la comunidad; porque necesita para su gobierno la vida común de facultades diversas y oficios diversos; y lo que a ejercitar estos oficios diversos principalmente mueve a los hombres, es la diversidad de la fortuna de cada uno. Y, por lo que al trabajo corporal toca, ni aun en el estado de la inocencia había de estar el hombre completamente ocioso; más lo que para esparcimiento del ánimo habría entonces libremente buscado la voluntad, eso mismo después por necesidad, y no sin fatiga, tuvo que hacer en expiación de su pecado. Maldita será la tierra en tu obra; con afanes comerás de ella todos los días de tu vida (8). Y del mismo modo no han de tener fin en este mundo las otras penalidades; porque los males, que al pecado siguieron, son ásperos de sufrir, duros y difíciles y de necesidad han de acompañar al hombre hasta lo último de su vida. Así que sufrir y padecer es la suerte del hombre, y por más experiencias y tentativas que el hombre haga, con ninguna fuerza, con ninguna industria podrá arrancar enteramente de la vida humana estas incomodidades. Los que dicen que lo pueden hacer, los que al desgraciado pueblo prometen una vida exenta de toda fatiga y dolor y regalada con holganza e incesantes placeres, lo inducen a errar, lo engañan con fraudes, de que brotarán algún día males mayores que los presentes. Lo mejor es mirar las cosas humanas como son en sí y al mismo tiempo buscar en otra parte como ya hemos dicho, el remedio conveniente a estas incomodidades.

14. Unión entre las clases sociales, no lucha. El capital y el trabajo

Hay en la cuestión que tratamos un mal capital y es el de figurarse y pensar que unas clases de la sociedad son por su naturaleza enemigas de otras, como si a los ricos y a los proletarios los hubiera hecho la naturaleza para estar peleando unos contra los otros en perpetua guerra. Lo cual es tan opuesto a la razón y a la verdad que, por el contrario, es certísimo que, así como en el cuerpo se unen miembros entre sí diversos, y de su unión resulta esa disposición de todo el ser, que bien podríamos llamar simetría, así en la sociedad civil ha ordenado la naturaleza que aquellas dos clases se junten concordes entre sí, y se adapten la una a la otra de modo que se equilibren.

Necesita la una de la otra enteramente; porque sin trabajo no puede haber capital, ni sin capital trabajo. La concordia engendra en las cosas hermosura y orden: y al contrario, de una perpetua lucha no puede menos de resultar la confusión junto con una salvaje ferocidad.

*Definiendo las relaciones
entre el capital y el trabajo*

Ahora bien: para acabar con esa lucha y hasta para cortar las raíces mismas de ella, tiene la religión cristiana una fuerza admirable y múltiple. Y en primer lugar, el conjunto de las enseñanzas de la religión, de que es intérprete y depositaria la Iglesia, puede mucho para componer entre sí y unir a los ricos y a los proletarios, porque a ambos enseña sus mutuos deberes y en especial los que dimanan de la justicia.

Deberes del obrero

De estos deberes, los que corresponden al proletario y al obrero son: poner de su parte íntegra y fielmente el trabajo que libre y equitativamente se ha contratado; no perjudicar en manera alguna al capital, ni hacer violencia personal a sus amos; al defender sus propios derechos abstenerse de la fuerza, y nunca armar sediciones ni hacer juntas con hombres malvados que mañosamente les ponen delante desmedidas esperanzas y grandísimas promesas, a los que sigue casi siempre un arrepentimiento inútil y la ruina de sus fortunas.

Deberes del patrono

Los ricos y los patronos recuerden que no deben tener a los obreros como esclavos, que deben en ellos respetar la dignidad de la persona y la nobleza que a esa persona añade lo que se llama carácter de cristiano. Que si se tienen en cuenta la razón natural y la filosofía cristiana, no es vergonzoso para el hombre ni le rebaja el ejercer un oficio por salario, pues le habilita el tal oficio para poder sustentar honradamente su vida. Que lo que verdaderamente es vergonzoso e inhumano es abusar de los hombres, como si no fueran más que cosas, para sacar provecho de ellos y no estimarlos en más de lo que dan de sí sus músculos y sus fuerzas. Ordénase asimismo que en los proletarios se tenga en cuenta la religión y el bien de sus almas. Y por esto es deber de sus amos: hacer que a sus tiempos se dedique el obrero a la piedad; no exponerlo a los atractivos de la corrupción, ni a los peligros de pecar, ni en manera alguna estorbarle el que atienda su familia y el cuidado de ahorrar. Asimismo no imponerle más trabajo del que sus fuerzas puedan soportar, ni tal clase de trabajo que no lo sufran su sexo y su edad.

Principal deber del empleador:
salario justo

Pero entre los principales deberes de los amos, se destaca el de dar a cada uno lo que le es justo. Sabido es que para fijar conforme a la justicia el límite del salario, muchas cosas se han de tener en consideración; pero en general deben acordarse los ricos y los amos que oprimir en provecho propio a los indigentes y menesterosos, y explotar la pobreza ajena para mayores lucros, es contra todo derecho divino y humano. Y el defraudar a uno del salario que se le debe es un gran crimen que clama al cielo venganza. Mirad que el jornal que defraudasteis a los trabajadores clama, y el clamor de ellos suena en los oídos del Señor de los ejércitos (9).

Otros abusos

Finalmente, con extremo cuidado deben guardarse los amos de perjudicar en lo más mínimo los ahorros de los proletarios, ni con violencia, ni con engaño, ni con artificios de la usura; y esto aún con mayor razón, porque no están ellos suficientemente protegidos contra quien les quite sus derechos o los incapacite para trabajar, y porque sus haberes, cuanto más pequeños son, tanto más deben ser respetados.

15. El concepto católico de la vida y de las riquezas

¿No es verdad que la obediencia a estas leyes, bastaría ella sola para quitar la fuerza a esta contienda y acabar con sus causas? Pero la Iglesia, enseñada y guiada por Jesucristo, aspira a algo más grande; es decir, ordena algo que es más perfecto; y pretende con ello juntar en unión íntima y amistad una clase con otra. Entender en su realidad, y apreciar en su justo valor las cosas perecederas es imposible, si no se ponen los ojos del alma en la otra vida imperecedera. Desaparecida la cual, desaparecerá inmediatamente el concepto y verdadera noción del bien, y hasta se convertirá este universo en un misterio inexplicable a toda investigación humana. Así, pues, lo que del magisterio de la naturaleza misma aprendimos, es también dogma de la fe cristiana, en que como principal fundamento estriba la razón y el ser todo de la religión, a saber: que cuando salgamos de esta vida, entonces hemos de comenzar de veras a vivir. Porque no creó Dios al hombre para estas cosas quebradizas y caducas sino para las celestiales y eternas, ni nos dio la tierra por habitación perpetua, sino por lugar de destierro. Abundar o carecer de riquezas y de las otras cosas, que se llaman bienes, nada importa para la bienaventuranza eterna; lo que importa más que todo, es el uso que de esos bienes hagamos. Las varias penalidades de que está como tejida la vida mortal, no las quitó Jesucristo con su copiosa redención, sino las trocó en incentivos de virtudes y materias de merecer, de tal suerte que ninguno de los mortales puede alcanzar los bienes sempiternos si no es caminando sobre las ensangrentadas huellas de Jesucristo: Si sufriéremos con Él, reinaremos también con Él (10). Tomando Él de su voluntad trabajos y tormentos templó admirablemente la fuerza de esos mismos trabajos y tormentos; y no sólo con su ejemplo, sino con su gracia y la esperanza de un premio eterno, que nos pone delante, hizo más fácil el sufrir dolores: Porque lo que aquí es para nosotros una tribulación momentánea y ligera, engendra en nosotros de un modo maravilloso un peso eterno de gloria (11).

16. Inculcando a los ricos sus deberes de justicia y caridad

Adviértase, por lo tanto, a los que tienen riquezas, que no libran ellas de dolor, ni en nada aprovechan para la eterna bienaventuranza, sino que antes dañan (12); que deben a los ricos infundir terror las extraordinarias amenazas que les hace Jesucristo (13), y que ha de llegar un día en que darán en el tribunal de Dios severísima cuenta del uso que hicieron de sus riquezas.

Acerca del uso que se debe hacer de las riquezas, hay una doctrina excelente e importantísima, que la filosofía vislumbró, pero que la Iglesia perfeccionó y enseña y trabaja para que sea no sólo conocida, sino observada o aplicada, a las costumbres. El principio fundamental de esta doctrina es el siguiente: que se debe distinguir entre la justa posesión del dinero y el uso justo del mismo. Poseer algunos bienes en particular, es, como poco antes hemos visto, derecho natural del hombre; y usar de ese derecho, mayormente cuando se vive en sociedad no sólo es lícito, sino absolutamente necesario. Lícito es que el hombre posea algo como propio. Es, además, para la vida humana, necesario (14). Mas si se pregunta, qué uso se debe hacer de esos bienes, la Iglesia, sin titubear, responde: En cuanto a esto, no debe tener el hombre las cosas externas como propias sino como comunes; es decir, de tal suerte que fácilmente las comunique a otros, cuando éstos la necesiten. Por lo cual dice el Apóstol: Manda a los ricos de este siglo... que den y que repartan francamente (15).

Verdad es que a nadie se manda socorrer a otros con lo que para sí o para los suyos necesita, ni siquiera dar a otros lo que para el debido decoro de su propia persona ha menester, pues nadie está obligado a vivir de un modo que a su estado no convenga(16). Pero, satisfecha la necesidad y el decoro, deber nuestro es, de lo que sobra, socorrer a los indigentes. Lo que sobre, dadlo de limosna (17). No son éstos, salvo casos de extrema necesidad, deberes de justicia, sino de caridad cristiana, a lo cual no tienen derecho de contradecir las leyes. Porque anterior a las leyes y juicios de los hombres es la ley y juicio de Jesucristo, que de muchas maneras aconseja que nos acostumbremos a dar limosna: Mejor es dar que recibir, (18) y que tendrá por hecha o negada a sí propio la caridad que hiciéremos o negáremos a los pobres; cuanto hicisteis a uno de estos mis hermanos pequeñitos, a mí lo hicisteis (19). En suma, los que mayor abundancia de bienes han recibido de Dios, ya sean estos bienes corporales y externos, ya sean del espíritu e internos, para esto lo han recibido, para que con ellos atiendan como ministros de la Divina Providencia al provecho de los demás. Así, pues, el que tuviere talento, cuide de no callar; el que tuviere abundancia de bienes, vele, no se entorpezca en él la largueza de la misericordia; el que supiere un oficio con qué manejarse, ponga gran empeño en hacer al prójimo participante de su utilidad y provecho (20).

17. Consolando a los pobres

A los que carecen de bienes de fortuna enséñales la Iglesia a no tener a deshonra, como no la tiene Dios, la pobreza, y a no avergonzarse de tener que ganar el sustento trabajando. Todo lo cual lo confirmó con sus obras y hechos Cristo Nuestro Señor, que para salvar a los hombres se hizo pobre, siendo rico (21), y aunque era Dios e Hijo de Dios, quiso, sin embargo, mostrarse y ser tenido por hijo de un artesano; y aun no rehusó emplear una gran parte de su vida trabajando como artesano: ¿No es acaso éste el artesano, hijo de María? (22) Quien tuviere ante los ojos este divino ejemplo entenderá más fácilmente lo que sigue, a saber: que la verdadera dignidad y excelencia del hombre consiste en las costumbres, es decir, en la virtud; que la virtud es el patrimonio común a todos los mortales, y que igualmente lo pueden alcanzar los altos y los bajos, los ricos y los proletarios; y que sólo a las virtudes y al mérito, en quienquiera que se hallen, se ha de dar el premio de la eterna bienaventuranza. Y no sólo esto, sino que a los afligidos por alguna calamidad, se ve más inclinada la voluntad del mismo Dios, pues bienaventurados llama Jesucristo a los pobres (23); amantísimamente llama a sí, para consolar a los que están en algún trabajo o aflicción (24); y a los más abatidos y a los que injustamente son oprimidos abraza con especial amor. Cuando estas verdades se conocen, fácilmente se reprime la hinchazón de ánimo de los ricos y se levanta el abatimiento de los pobres, y se doblegan los unos a ser benignos y los otros a ser humildes. Y de esta suerte, la distancia que entre unos y otros quisiera poner la soberbia, se acorta, y no habrá dificultad en conseguir que se unan con estrecho vínculo de amistad la una y la otra clase.

18. Engendrando la verdadera fraternidad

Estas dos clases, si a los preceptos de Cristo obedecieren, no sólo en amistad, sino en verdadero amor de hermanos, se unirían. Porque sentirán y entenderán que todos los hombres sin distinción alguna, han sido creados por Dios, Padre común de todos; que todos tienden al mismo bien, como fin, que es Dios mismo, único que puede dar bienaventuranza perfecta a los hombres y a los ángeles; que todos y cada uno han sido por favor de Jesucristo igualmente redimidos y levantados a la dignidad de hijos de Dios, de tal manera que, no sólo entre sí, sino aun con Cristo Señor Nuestro, primogénito entre muchos hermanos, los enlaza un parentesco verdaderamente de hermanos. Y asimismo, que los bienes de naturaleza y los dones de la gracia divina pertenecen en común y sin diferencia alguna a todo linaje humano, y que nadie, como no se haga indigno, será desheredado de los bienes celestiales. Si hijos, también herederos, verdaderamente herederos de Dios y coherederos con Cristo (25).

Tal es la naturaleza de los deberes y los derechos que la filosofía cristiana enseña. ¿No es verdad que en brevísimo tiempo parece que se acabaría toda contienda, donde en la sociedad civil prevaleciese esta doctrina?

II – POR LA VIRTUD DIVINA DE SU ACCIÓN

19. Una reforma moral íntima

Finalmente, no se contenta la Iglesia con mostrar los medios con que este mal se ha de curar; ella, con sus propias manos, aplica las medicinas. Porque todo su afán es educar y formar a los hombres conforme a sus enseñanzas y doctrina; y con el auxilio de los obispos y del clero, procura extender cuanto más puede, los saludabílisimos raudales de su doctrina. Esfuérzase, además, en penetrar hasta lo íntimo del alma y doblegar las voluntades para que se dejen regir y gobernar en conformidad con los divinos preceptos. Esta parte es la principal y la más importante, por depender de ella la suma total de los provechos y la solución completa de la cuestión y en ella, sólo la Iglesia tiene el verdadero poder. Porque los instrumentos de que, para mover los ánimos se sirve para ese fin precisamente se los puso en las manos Jesucristo, y del mismo Dios reciben su eficacia. Semejantes instrumentos son los únicos que pueden convenientemente llegar hasta los senos recónditos del corazón y hacer al hombre obediente y pronto a cumplir con su deber, y a gobernar los movimientos de su apetito, a amar a Dios y al prójimo con singular y suma caridad, y a abrirse animosamente camino a través de cuanto le estorbe en la carrera de la virtud.

20. Acción social

Basta en esta materia renovar brevemente la memoria de los ejemplos de nuestros mayores. Las cosas y los hechos que recordamos son tales, que no dejan lugar a duda alguna, a saber: que con las máximas cristianas se renovó de alto a bajo la humana sociedad civil, que por virtud de esta renovación se mejoró el género humano, o más bien resucitó de muerte a vida, y adquirió tan grande perfección que ni hubo antes, ni habrá en las venideras edades otro mayor. Y, por fin, que de todos estos beneficios es Jesucristo el principio y el término, porque nacidos de Él, a Él todos se deben referir. Efectivamente, cuando recibió el mundo la ley evangélica, cuando aprendió el grande misterio de la Encarnación del Verbo y Redentor del género humano, la vida de Jesucristo, Dios y hombre, penetró en las entrañas de la sociedad civil y la impregnó toda de su fe, de sus preceptos y de sus leyes. Por esto, si remedio ha de tener el mal que ahora padece la sociedad humana, este remedio no puede ser otro que la restauración de la vida e instituciones cristianas. Cuando las sociedades se desmoronan, exige la rectitud, que, si se quieren restaurar, vuelvan a los principios que les dieron ser. Porque en esto consiste la perfección de todas las asociaciones, en trabajar para conseguir el fin para el que fueron establecidas; de manera que los movimientos y actos de la sociedad no los produzca otra causa que la que produjo la misma sociedad. Por lo cual, desviarse de su fin es enfermar, volver a él, es sanar. Y lo que decimos de todo el cuerpo de la sociedad civil, del mismo modo y con perfecta verdad lo decimos de aquella clase de ciudadanos, la más numerosa, que sustenta su vida con su trabajo.

21. Moralizando a los hombres

Y no se vaya a creer que la Iglesia de tal manera tiene empleada toda su solicitud en cultivar las almas, que descuide lo que pertenece a la vida mortal, y terrena. Quiere que los proletarios salgan de su tristísimo estado y alcancen suerte mejor y lo procura con todas sus fuerzas. Y a esto no poco ayuda ella atrayendo a los hombres y formándolos en la virtud. Porque las costumbres cristianas, cuando se guardan en toda su integridad, dan espontáneamente alguna prosperidad a las cosas exteriores, porque hacen benévolo a Dios, principio y fin de todos los bienes; reprimen esas dos pestilencias de la vida, que con harta frecuencia hacen al hombre desgraciado aun en la abundancia: el apetito desordenado de riqueza y la sed de placeres (26); y hacen que los hombres, contentos con un trato y sustento frugal, suplan la escasez de las rentas con la economía, lejos de los vicios destructores, no sólo de pequeñas fortunas, sino de grandísimos caudales, y dilapidadores de inmensos patrimonios.

Instituyendo las obras de caridad

Pero fuera de esto provee la Iglesia lo que ve convenir al bienestar de los proletarios, instituyendo y fomentando cuantas cosas entiende que puedan contribuir a aliviar su pobreza. Y sobresalió siempre tanto en este género de beneficios, que la colman de elogios hasta sus mismos enemigos. Tanta era entre los cristianos de la antigüedad más remota, la fuerza de la caridad, que muchas veces se despojaban de sus bienes los ricos para socorrer a los pobres, y así no había ningún necesitado entre ellos (27). A los diáconos, orden instituida precisamente para esto, dieron los apóstoles el encargo de ejercitar cada día los oficios de la caridad; y el Apóstol San Pablo, aunque oprimido bajo el peso del cuidado de todas las Iglesias, no vaciló en emprender trabajosos viajes para llevar en persona una limosna a los cristianos más pobres.

Las limosnas que los cristianos, cuantas veces se reunían, voluntariamente daban, las llama Tertuliano, depósitos de la piedad, porque se empleaban en alimentar en vida y enterrar en muerte a los necesitados, a los niños y niñas pobres y huérfanos, a los ancianos que tenían en sus casas y también a los náufragos (28). De aquí poco a poco se fue formando aquel patrimonio que, con religioso esmero, guardó la Iglesia como propiedad de familia de los pobres. Y no sólo esto, sino que halló el modo de socorrer multitud de desgraciados, quitándoles el empacho de mendigar. Porque como Madre común de ricos y pobres, promoviendo en todas partes la caridad hasta un grado sublime, estableció comunidades de religiosos e hizo otras muchísimas útiles fundaciones para que, distribuyéndose por ellas los socorros, apenas hubiese género alguno de males que careciese de consuelo.

Hoy, en verdad, hállanse muchos que, como los gentiles de otros tiempos, hacen capítulo de acusación contra la Iglesia de esta misma excelentísima caridad, y en su lugar les parece que pueden poner la beneficencia establecida y regulada por leyes del Estado. Pero la caridad cristiana, de la cual es propio darse toda al bien del prójimo, no hay ni habrá artificio humano que la supla. Sólo de la Iglesia es esta virtud, porque si no se va a buscar en el Sacratísimo Corazón de Jesucristo, no se halla en parte alguna y muy lejos de Cristo van los que de la Iglesia se apartan.

III – POR LOS MEDIOS HUMANOS QUE ACONSEJA

22. Medios humanos

No puede, sin embargo, dudarse que para conseguir, el fin propuesto se requieren también medios humanos. Todos, sin excepción alguna, todos aquellos a quienes atañe esta cuestión, es menester que se dirijan al mismo fin, y en la medida que les corresponde trabajen para alcanzarlo, a semejanza de la Providencia Divina reguladora del mundo, en el cual vemos que resultan los efectos de la concorde operación de las causas todas de que dependen.

23. La acción del Estado

Bueno es, pues, que examinemos qué parte del remedio que se busca se ha de exigir al Estado. Entendemos hablar aquí del Estado, no como existe en este pueblo o en el otro, sino tal cual lo demanda la recta razón, conforme con la naturaleza, y cual demuestran que debe ser, los documentos de la divina sabiduría que Nos particularmente expusimos en la Carta Encíclica en que tratamos de la constitución cristiana de los Estados. Esto supuesto, los que gobiernan un pueblo deben primero ayudar en general, y como en globo, con todo el complejo de leyes e instituciones, es decir, haciendo que de la misma conformación y administración de la cosa pública espontáneamente brote la prosperidad, así de la comunidad como de los particulares. Porque éste es el oficio de la prudencia cívica, éste es el deber de los que gobiernan. Ahora bien: lo que más eficazmente contribuye a la prosperidad de un pueblo, es la probidad de las costumbres, la rectitud y orden de la constitución de la familia, la observancia de la religión y de la justicia, la moderación en imponer la equidad, en repartir las cargas públicas, el fomento de las artes y del comercio, una floreciente agricultura, y si hay otras cosas semejantes que cuanto con mayor empeño se promueven, tanto será mejor y más feliz la vida de los ciudadanos.

Con el auxilio, pues, de todas éstas, así como pueden los que gobiernan aprovechar a todas las clases, así pueden también aliviar muchísimo la suerte de los proletarios, y esto en uso de su mejor derecho y sin que pueda nadie tenerlos por entrometidos, porque debe el Estado, por razón de su oficio atender al bien común. Y cuanto mayor sea la suma de provecho que de esta general providencia dimanare, tanto menor será la necesidad de buscar nuevas vías para el bienestar de los obreros.

24. El Estado debe promover la justicia distributiva

Pero debe, además tenerse en cuenta otra cosa que va más al fondo de la cuestión, y es esta: que en la sociedad civiles una e igual la condición de las clases altas y de la ínfimas. Porque son los proletarios con el mismo derecho que los ricos por su naturaleza, ciudadanos, es decir, partes verdaderas y vivas de que, mediante las familias, se compone el cuerpo social, por no añadir que en toda ciudad es la suya la clase sin comparación más numerosa. Pues como sea absurdísimo cuidar de una parte de los ciudadanos y descuidar otra, síguese que debe la autoridad pública tener cuidado conveniente del bienestar y provecho de la clase proletaria; de lo contrario, violará la justicia, que manda a dar cada uno su derecho. A este propósito dice sabiamente santo Tomás: Como las partes y el todo son en cierta manera una misma cosa, así lo que es del todo es en cierta manera de las partes (29). De lo cual se sigue que entre los deberes no pocos ni ligeros de los gobernantes, a quienes toca mirar por el bien del pueblo, el principal de todos es proteger todas las clases de ciudadanos por igual, es decir, guardando inviolablemente la justicia llamada distributiva.

25. Protección especial al trabajador

Mas, aunque todos los ciudadanos, sin excepción alguna, deban contribuir algo a la suma de los bienes comunes, de los cuales espontáneamente toca a cada uno parte proporcionada, sin embargo, no pueden todos contribuir lo mismo y por igual. Cualesquiera que sean los cambios que se hagan en las formas de gobierno, existirán siempre en la sociedad civil esas diferencias, sin las cuales ni puede ser ni concebirse alguna. Necesariamente habrán de hallarse unos que gobiernen, otros que hagan leyes, otros que administren justicia, y otros que, con su consejo y autoridad, manejen los negocios del municipio o las cosas de la guerra. Y que estos hombres, así como sus deberes son los más graves, así deben ser en todo pueblo los primeros; nadie hay que no lo vea; porque ellos, inmediatamente y por excelente manera, trabajan para el bien de la comunidad. Por el contrario, distinto del de éstos es el modo y distintos los servicios con que aprovechan a la sociedad los que se ejercitan en algún arte u oficio, si bien estos últimos, aunque menos directamente, sirven también muchísimo a la pública utilidad. Verdaderamente el bien social, puesto que debe ser tal que con él se hagan mejores los hombres, se ha de poner principalmente en la virtud.

Sin embargo, a una bien constituida sociedad toca también suministrar los bienes corporales y externos, "cuyo uso es necesario para el ejercicio de la virtud" (30). Ahora bien: para la producción de estos bienes no hay nada más eficaz ni más necesario que el trabajo de los proletarios, ya empleen éstos su habilidad y sus manos en los campos, ya los empleen en los talleres. Aún más: tal es en esta parte su fuerza, y su eficacia que, con grandísima verdad, se puede decir que no de otra cosa, sino del trabajo de los obreros salen las riquezas de los Estados. Exige, pues, la equidad que la autoridad pública tenga cuidado del proletario haciendo que le toque algo de lo que él aporta a la utilidad común, que con casa en qué morar, vestido con qué cubrirse y protección con que defenderse de quien atenta a su bien, pueda con menos dificultades soportar la vida. De donde se sigue que se ha de tener cuidado de fomentar todas aquellas cosas que en algo pueden aprovechar a la clase obrera. El cual cuidado, tan lejos está de perjudicar a nadie, que antes aprovechará a todos, porque importa muchísimo al Estado que no sean de todo punto desgraciados aquellos, de quienes provienen esos bienes de que el Estado tanto necesita.

26. Extensión y límites de la intervención del Estado

El Estado no debe absorber ni al ciudadano, ni a la familia; es justo que al ciudadano, y a la familia se les deje la facultad de obrar con libertad en todo aquello que, salvo el bien común y sin perjuicio de nadie, se puede hacer. Deben, sin embargo, los que gobiernan proteger la comunidad y los individuos que la forman. Deben proteger la comunidad, porque a los que gobiernan, les ha confiado la naturaleza la conservación de la comunidad de tal manera, que esta protección o custodia del público bienestar es, no sólo la ley suprema, sino el fin único, la razón total de la soberanía que ejercen; y deben proteger a los individuos o partes de la sociedad, porque la filosofía, igualmente que la fe cristiana, convienen en que la administración de la cosa pública es por su naturaleza ordenada, no a la utilidad de los que la ejercen, sino a la de aquellos sobre quienes se ejerce. Como el poder de mandar proviene de Dios, y es una comunicación de la divina soberanía, debe ejercerse a imitación del mismo poder de Dios, el cual, con solicitud de Padre, no menos atiende a las cosas individuales que a las universales. Si, pues, se hubiera hecho o amenazara hacerse algún daño al bien de la comunidad o al de algunas clases sociales y si tal daño no pudiera de otro modo remediarse o evitarse, menester es que le salga al encuentro la pública autoridad.

Deberes del Estado

Pues bien: importa al bienestar del público y al de los particulares que haya paz y orden; que todo el ser de la sociedad doméstica se gobierne por los mandamientos de Dios y los principios de la ley natural; que se guarde y se fomente la religión; que florezcan en la vida privada y en la pública costumbres puras; que se mantenga ilesa la justicia y no se deje impune al que viola el derecho de otro; que se formen robustos ciudadanos, capaces de ayudar, y si el caso lo pidiere, defender la sociedad.

Eliminación de abusos

Por esto, si acaeciese alguna vez que amenazasen trastornos o por amotinarse los obreros o por declararse en huelga; que se relajasen entre los proletarios los lazos naturales de la familia, que se hiciese violencia a la religión de los obreros no dándoles comodidad suficiente para los ejercicios de piedad; si en los talleres peligrase la integridad de las costumbres, o por la mezcla de los dos sexos o por otros perniciosos incentivos de pecar; u oprimiesen los amos a los obreros con cargas injustas o condiciones incompatibles con la persona y dignidad humanas; si se hiciera daño a la salud con un trabajo desmedido o no proporcionado al sexo ni a la edad; en todos estos casos claro es que se debe aplicar, aunque dentro de ciertos límites, la fuerza y autoridad de las leyes. Los límites los determina el fin mismo, por el cual se apela al auxilio de las leyes, es decir, que no deban éstas abarcar más y extenderse a más de lo que demanda el remedio de estos males o la necesidad de evitarlos.

27. Amparo del derecho de los débiles

Deben, además, religiosamente guardarse los derechos de todos, en quienquiera que los tenga; y debe la autoridad pública proveer que a cada uno se le guarde lo suyo, evitando y castigando toda violación de la justicia. Aunque en la protección de los derechos de los particulares, débense tener en cuenta principalmente los de la clase ínfima y pobre. Porque la clase de los ricos, como se puede defender con sus propios recursos, necesita menos del amparo de la pública autoridad; el pobre pueblo, como carece de medios propios con qué defenderse, tiene que apoyarse grandemente en el patrocinio del Estado. Por esto, a los jornaleros, que forman parte de la multitud indigente, debe con singular cuidado y providencia cobijar el Estado.

28. Protección de la propiedad privada

Pero será bien tocar en particular algunas cosas aun de más importancia. Es la principal que con el imperio y defensa de las leyes se ha de poner a salvo la propiedad privada. Y sobre todo ahora que tan grande incendio han levantado todas las codicias, debe tratarse de contener al pueblo dentro de su deber; porque si bien es permitido esforzarse sin mengua de la justicia, en mejorar la suerte, sin embargo, quitar a otro lo que es suyo, o en pro de una absurda igualdad, apoderarse de la fortuna ajena, lo prohíbe la justicia y lo rechaza la naturaleza misma del bien común. Es cierto que la mayor parte de los obreros quiere mejorar su suerte, a fuerza de trabajar honradamente y sin hacer a nadie injuria; pero también es verdad que hay, y no pocos, imbuidos de torcidas opiniones y deseosos de novedades, que de todas maneras procuran trastornar las cosas y arrastrar a los demás a la violencia. Intervenga, pues, la autoridad del Estado, y poniendo un freno a los agitadores aleje de los obreros los artificios corruptores de las costumbres, y de los que legítimamente tienen el peligro de ser robados.

29. El Estado debe promover el bienestar moral

Una mayor duración o una mayor dificultad del trabajo y la idea de que el jornal es exiguo, dan no pocas veces a los obreros motivo para lanzarse en huelga y entregarse por su voluntad al ocio. A este mal frecuente y grave debe poner remedio la autoridad pública; porque semejante cesación del trabajo no sólo daña a los amos y aun a los mismos obreros, sino que perjudica al comercio ya los intereses del Estado; y como suele no andar muy lejos de la violencia y sedición, pone muchas veces en peligro la pública tranquilidad. Y en esto lo más eficaz y más provechoso es prevenir con la autoridad de las leyes, e impedir que pueda brotar el mal, apartando a tiempo las causas que se ve han de producir un conflicto entre los amos y los obreros.

30. La dignidad del obrero

Asimismo hay en el obrero muchos bienes, cuya conservación demanda la protección del Estado. Los primeros son los bienes del alma. Porque esta vida mortal, aunque buena y apetecible, no es lo último para lo cual hemos nacido, sino camino solamente e instrumento para llegar a aquella vida del alma que será completa con la vista de la verdad y del amor del sumo bien. El alma es la que lleva impresa en sí la imagen y semejanza de Dios y donde reside aquel señorío, en virtud del cual se le ordenó al hombre dominar sobre naturalezas inferiores y hacerse tributarias para su utilidad y provecho a todas las tierras y mares. Henchid la tierra y tened señorío sobre los peces del mar y sobre las aves del cielo, y sobre todos los animales que se mueven sobre la tierra (31). En esto son todos los hombres iguales; amos y criados, príncipes y particulares, puesto que uno mismo es el Señor de todos (32). Nadie puede impunemente hacer injuria a la dignidad del hombre, de la que el mismo Dios dispone con gran reverencia, ni impedirle que tienda a aquella perfección, que lo conduce a la vida sempiterna que en el cielo lo aguarda.

Descanso dominical

Más aún: ni el hombre mismo, aunque quiera, puede en esta parte permitir que se le trate de un modo distinto del que a su naturaleza conviene ni querer que su alma sea esclava; pues no se trata aquí de derechos de que libremente pueda disponer el hombre, sino de deberes que lo obligan para con Dios, y que tiene que cumplir religiosamente. Síguese de aquí la necesidad de descansar de las obras, o trabajos en los días festivos. Esto, sin embargo no se ha de entender como una licencia de entregarse a un ocio inerte y mucho menos a ese descanso que muchos desean, factor de vicios y promotor del derroche del dinero, sino del descanso completo de toda operación laboriosa, consagrado por la religión. Cuando al descanso se junta la religión, aparta al hombre de los trabajos y negocios de la vida cotidiana, para levantarle a pensar en los bienes celestiales y a dar el culto que de justicia debe a la Eterna Divinidad. En esto, principalmente consiste, y éste es el fin primario del descanso, que en los días de fiesta se ha de tomar, lo cual Dios sancionó con una ley especial en el Antiguo Testamento: Acuérdate de santificar el día sábado (33), y con su ejemplo lo enseñó con aquel descanso misterioso que tomó cuando hubo fabricado al hombre. Y reposó el día séptimo de toda la obra que había hecho (34).

31. El Estado debe promover el bienestar material del obrero

Por lo que toca a la defensa de los bienes corporales y externos, lo primero que hay que hacer es liberar a los pobres obreros de la crueldad de hombres codiciosos que, a fin de aumentar sus propias ganancias abusan sin moderación alguna, de las personas, como si no fueran personas sino cosas. Exigir tan grande tarea, que con el excesivo trabajo se embote el alma y sucumba al mismo tiempo, el cuerpo a la fatiga, ni la justicia, ni la humanidad lo consienten. En el hombre toda su naturaleza y consiguientemente la fuerza que tiene para trabajar, está circunscrita con límites fijos de los cuales no puede pasar. Auméntase, es verdad, aquélla fuerza con el uso y ejercicio, pero a condición de que, de cuando en cuando, deje de trabajar y descanse. Débese, pues, procurar que el trabajo de cada día no se extienda a más horas de las que permiten las fuerzas. Cuánto tiempo haya de durar este descanso se deberá determinar, teniendo en cuenta las distintas especies de trabajo, las circunstancias del tiempo y del lugar, y la salud de los obreros mismos. Los que se ocupan en cortar piedra de las canteras o en sacar hierro, cobre y semejantes materias de las entrañas de la tierra, como su trabajo es mayor y nocivo a la salud, así en proporción, debe ser más corto el tiempo que trabajen. Débese también atender a la estación del año porque no pocas veces sucede que una clase de trabajo se puede fácilmente soportar en una estación, y en otra a absolutamente no se puede, o no sin mucha dificultad.

Edad y sexo en el trabajo

Finalmente, lo que puede hacer y lo que puede soportar un hombre de edad adulta y bien robusto, es inicuo exigirlo a un niño, o a una mujer. Más aún, respecto de los niños hay que tener grandísimo cuidado que no los recoja la fábrica o el taller, antes que la edad haya suficientemente fortalecido su cuerpo, sus facultades intelectuales, y toda su alma. Pues las energías que, a semejanza de tiernas plantas, brotan en la niñez las destruye una prematura sacudida; y cuando esto sucede, ya no es posible dar al niño la educación que le es debida. Del mismo modo, hay ciertos trabajos que no están bien a la mujer, nacida para las atenciones domésticas; las cuales atenciones son una grande salvaguardia del decoro propio de la mujer, y que se ordenan naturalmente a la educación de la niñez y prosperidad de la familia. En general debe quedar establecido que a los obreros se ha de dar tanto descanso, cuanto compense las fuerzas gastadas en el trabajo: porque debe el descanso ser tal que restituya las fuerzas que por el uso se consumieron. En todo contrato que se haga entre amos y obreros, haya siempre expresa o tácita la condición de que se atienda convenientemente a este doble descanso, pues, el contrato que no tuviera esta condición sería inicuo, porque a nadie es permitido ni exigir ni prometer que descuidará los deberes que le ligan con Dios y consigo mismo.

32. Justo salario

Vamos a tratar ahora un asunto de mucha importancia y que es preciso se entienda muy bien para que no se yerre por ninguno de los extremos. Dícese que la cantidad del jornal o salario la determina el consentimiento libre de los contratantes, es decir, del patrón y del obrero; y que, por lo tanto, cuando el amo ha pagado el salario que prometió, queda libre y nada más tiene que hacer; que sólo entonces se viola la justicia, cuando, o rehúsa el amo dar salario entero, o el obrero entregar completa la tarea a la que se obligó; y que en estos casos, para que a cada uno se guarde su derecho, puede la autoridad pública intervenir, pero fuera de estos en ninguno. A este modo de argumentar asentirá difícilmente, y no del todo, quien sepa juzgar las cosas en equidad, porque no es exacto en todas partes; fáltale una razón de muchísimo peso. Esta es que el trabajo no es otra cosa que el ejercicio de la propia actividad enderezado a la adquisición de aquellas cosas que son necesarias para los varios usos de la vida y principalmente para la propia conservación. Con el sudor de tu rostro comerás el pan (35). Tiene, pues, el trabajo humano dos cualidades, que en él puso la naturaleza misma: la primera es que es personal, porque la fuerza con que trabaja es inherente a la persona y enteramente propia de aquel que con ella trabaja, y para utilidad de quien la recibió de la naturaleza; la segunda es que es necesario, porque del fruto de su trabajo necesita el hombre para sustentar la vida, y sustentar la vida es deber primario impuesto por la misma naturaleza, a la cual hay que obedecer forzosamente. Ahora, pues, si se considera el trabajo solamente en cuanto es personal, no hay duda que está en libertad el obrero de pactar por su trabajo un salario más corto, porque como de su voluntad pone el trabajo, de su voluntad puede contentarse con un salario más corto, y aun ninguno. Pero de muy distinto modo se habrá de juzgar si a la cualidad de personal se junta la de necesario, cualidad que podrá con el entendimiento separarse de la personalidad, pero que, en realidad de verdad, nunca está de ella separada. Efectivamente, sustentar la vida es deber común a todos y cada uno, y faltar a este deber es un crimen. De aquí necesariamente nace el derecho de procurarse aquellas cosas que son menester para sustentar la vida, y estas cosas no las hallan los pobres sino ganando un jornal con su trabajo. Luego, aun concedido que el obrero y su amo libremente convienen en algo, y particularmente en la cantidad de salario, queda, sin embargo, siempre una cosa, que dimana de la justicia natural y que es de más peso y anterior a la libre voluntad de los que hacen el contrato, y es esta: que el salario no debe ser insuficiente para la sustentación de un obrero frugal y de buenas costumbres. Y si acaeciese alguna vez que el obrero, obligado por la necesidad o movido del miedo de un mal mayor, aceptase una condición más dura, que contra su voluntad tuviera que aceptar por imponérsela absolutamente el amo o el contratista, sería eso hacerle violencia y contra esa violencia reclama la justicia.

Intervención estatal

Pero en estos y semejantes casos, como es cuando se trata de determinar cuántas horas habrá de durar el trabajo en cada una de las industrias u oficios, qué medios se habrán de emplear para mirar por la salud especialmente en los talleres o fábricas, para que no se entrometa en esto demasiado la autoridad, mejor será reservar la decisión de esas cuestiones a las corporaciones de que hablaremos más abajo, o tantear otro camino para poner a salvo, como es justo, los derechos de los jornaleros, acudiendo al Estado, si la cosa lo demandare, con su amparo y auxilio.

33. Fomento del ahorro y propiedad

Si el obrero recibe un jornal suficiente para sustentarse a sí, a su mujer y a sus hijos, será fácil, si tiene juicio, que procure ahorrar y hacer, como la misma naturaleza parece que aconseja, que después de gastar lo necesario, sobre algo, con que poco a poco pueda irse formando un pequeño capital. Porque ya hemos visto que no hay solución capaz de dirimir esta contienda de que tratamos, si no se acepta y establece antes este principio: que hay que respetar la propiedad privada. Por lo cual las leyes deben favorecer la propiedad privada y en cuanto fuere posible, procurar que sean muchísimos en el pueblo los propietarios. De esto han de resultar notables provechos; y en primer lugar será más conforme a equidad la distribución de bienes. Porque la violencia de las revoluciones ha dividido los pueblos en dos clases de ciudadanos, poniendo entre ellos una distancia inmensa. Una poderosísima, porque es riquísima, que teniendo en su mano ella sola todas las empresas productoras y todo el comercio, atrae a sí para su propia utilidad y provecho todos los manantiales de riqueza y tiene no escaso poder aun en la misma administración de las cosas públicas. La otra es la muchedumbre pobre y débil, con el ánimo llagado y dispuesto siempre a turbulencias.

Ventajas de la propiedad privada

Ahora bien: si se fomenta el trabajo de esta muchedumbre con la esperanza de poseer algo estable, poco a poco se acercará una clase a otra, y desaparecerá el vacío que hay entre lo que ahora son riquísimos y los que son pobrísimos. Además se hará producir a la tierra mayor abundancia de frutos. Porque el hombre, cuando trabaja en terreno que sabe que es suyo, lo hace con un afán y un esmero mucho mayores y aun llega a cobrar un gran amor a la tierra que con sus manos cultiva, prometiéndose sacar de ella, no sólo el alimento, sino aun cierta holgura o comodidad para sí y para los suyos. Y este afán de la voluntad nadie hay que no vea cuánto contribuye a la abundancia de las cosechas y al aumento de la riqueza de los pueblos. De donde se seguirá en tercer lugar otro provecho; que se mantendrán fácilmente los hombres en la nación que los dio a luz y los recibió en su seno, porque nadie trocaría su patria con una región extraña si en su patria hallara medios para pasar la vida tolerablemente. Mas estas ventajas no se pueden obtener sino con esta condición: que no se abrume la propiedad privada con enormes tributos e impuestos. No es la ley humana, sino la naturaleza la que ha dado a los particulares el derecho de propiedad y, por lo tanto, no puede la autoridad pública abolirlo, sino solamente moderar su ejercicio y combinarlo con el bien común. Obrará, pues, injusta e inhumanamente, si de los bienes de los particulares extrajere a título de tributo, más de lo justo.

LA INICIATIVA PRIVADA DE PATRONOS Y OBREROS

34. Autoayuda. Colaboración de las Asociaciones y Corporaciones

Por último, los amos y los mismos obreros pueden hacer mucho por la solución de esta contienda, estableciendo medios de socorrer convenientemente a los necesitados y acortar las distancias entre unos y otros.

Las asociaciones

Entre estos medios deben contarse las asociaciones de socorros mutuos, y esa variedad de cosas que la previsión de los particulares ha establecido para atender a las necesidades del obrero, a la viudez de su esposa y orfandad de sus hijos, en caso de repentinas desgracias o de enfermedad, y para los otros accidentes, a que está expuesta la vida humana, y la fundación de patronatos para niños y niñas, jóvenes y ancianos. Mas corresponde el primer lugar a asociaciones de obreros, que abarcan ordinariamente casi todas las cosas dichas. Muchos años duraron, entre nuestros mayores, los beneficios que resultaban de los gremios de artesanos. Los cuales, en verdad, no sólo fueron sumamente provechosos a los artesanos, sino a las artes mismas, dándoles el aumento y esplendor de que son testimonio muchísimos documentos. Como este nuestro siglo es más culto, sus costumbres distintas y mayores las exigencias de la vida cotidiana, preciso es que los tales gremios o asociaciones de obreros se acomoden a las necesidades del tiempo presente. Con gusto vemos que en muchas partes se forman asociaciones de esta clase, unas de solos obreros, otras de obreros y capitalistas; pero es de desear que crezca su número y su actividad. Y aunque de ellas más de una vez hemos hablado, queremos, sin embargo, aquí, hacer ver que son ahora muy del caso, y que hay derecho de formarlas, y al mismo tiempo cuál debe ser su organización y en qué se ha de emplear su actividad.

35. Derecho de asociación

La experiencia de la poquedad de las propias fuerzas mueve al hombre y lo impele a juntar a las propias, las ajenas. Las Sagradas Escrituras dicen: Mejor es que estén dos juntos que no uno solo, porque tienen la ventaja de su compañía. Si uno cayere, lo sostendrá el otro ¡Ay del solo, que cuando cayere no tiene quién lo levante! (36) Y también: El hermano ayudado del hermano es como una ciudad fuerte (37). Esta propensión natural es la que mueve al hombre a juntarse con otros y formar la sociedad civil, y la que del mismo modo le hace desear formar con algunos de sus conciudadanos otras sociedades, pequeñas e imperfectas, es verdad, pero verdaderas sociedades. Mucho difieren estas sociedades de aquélla grande sociedad (la civil), porque difieren sus fines próximos. El fin de la sociedad civil es universal, porque no es otro que el bien común, de que todos y cada uno tienen derecho a participar proporcionalmente. Y por esto se llama pública, porque por ella se juntan entre sí los hombres, formando un Estado (38). Mas, al contrario, las otras sociedades que en el seno, por decirlo así, de la sociedad se reúnen, llámanse y en verdad son privadas, porque aquello a que próximamente se enderezan, es al provecho o utilidad privada, que a sólo los asociados pertenece. Es, pues, sociedad privada la que se forma para llevar a cabo algún negocio privado, como cuando dos o tres hacen sociedad para negociar en común (39).

El Estado ante el derecho de asociación

Ahora bien: aunque estas sociedades privadas existen dentro de la sociedad civil, y son de ella como otras tantas partes, sin embargo, de suyo y en general no tiene el Estado o la autoridad pública poder para prohibir su existencia. Porque el derecho de formar tales sociedades privadas es derecho natural del hombre, y la sociedad civil ha sido instituida para defender, no para aniquilar, el derecho natural; y si prohibiera a los ciudadanos hacer entre sí estas asociaciones, se contradiría a sí misma, porque lo mismo ella que las sociedades privadas nacen de este único principio, a saber: que son los hombres por naturaleza sociales. Hay algunas circunstancias es que es justo que se opongan las leyes a esta clase de sociedad, como es, por ejemplo cuando de propósito pretenden algo que a la probidad, a la justicia, al bien del Estado, claramente contradiga. Y en semejantes casos está en su derecho la autoridad pública si impide que se formen; usa de su derecho si disuelve las ya formadas; pero debe tener sumo cuidado de no violar los derechos de los ciudadanos, ni so pretexto de pública utilidad establecer algo que sea contra la razón. Porque hay obligación de obedecer a las leyes, en cuanto convienen con la recta razón y consiguientemente con la sempiterna ley de Dios (40).

36. Injusta persecución a las congregaciones religiosas

Y aquí traemos a la mente las varias asociaciones, comunidades y órdenes religiosas que la autoridad de la Iglesia y la piadosa voluntad de los cristianos produjeron, las cuales, cuanto hayan contribuido al bienestar del género humano, la historia aun de nuestros días, lo está diciendo. Semejantes sociedades, si con la luz sola de la razón se examinan, se ve claro que, como fue honesta la causa porque se fundaron, fue natural el derecho de fundarlas. Pero, por lo que tienen de religiosas, en rigor de justicia están sujetas sólo a la Iglesia. No pueden, pues, sobre ellas arrogarse derecho ninguno, ni tomar sobre sí la administración de ellas los poderes públicos del Estado; a éste más bien toca respetarlas, conservarlas y cuando el caso lo demandare, impedir que se violen sus derechos. Vemos, sin embargo, que principalmente en nuestros tiempos, se hace todo lo contrario. En muchos lugares ha hecho el Estado violencia a estas comunidades, y se ha hecho violando múltiples derechos, porque las ha aprisionado en una red de leyes civiles, las ha despojado del legítimo derecho de persona moral y ha confiscado todos sus bienes, sobre los cuales tenía su derecho la Iglesia, tenía el suyo cada uno de los individuos de aquellas

comunidades, y lo tenían también los que
a un fin determinado dedicaron aquellos
bienes y aquellos a cuya utilidad y
consuelo se dedicaron. Por lo cual, no
podemos menos de quejarnos
amargamente de expoliaciones tan
injustas como perniciosas, tanto más,
cuanto vemos que a estas asociaciones de
hombres católicos, pacíficas de veras y de
todas maneras útiles se les cierra
completamente el paso, al mismo tiempo
que se proclama la amplia libertad de
asociación y de hecho se concede esa
libertad con largueza a los hombres que
meditan planes igualmente perniciosos a
la religión y al Estado.

37. Necesidad de la asociación para los obreros católicos

Cierto es que hay ahora un número
mayor que jamás hubo de asociaciones
diversísimas, especialmente de obreros.
No es este el lugar para examinar de
dónde muchas de ellas nacen, qué
quieren y por qué camino van. Créese,
sin embargo, y muy fundadamente que
las gobiernan, por lo común, ocultos jefes

que les dan una organización que no dice bien con el nombre cristiano y el bienestar de los Estados, y que, acaparando todas las industrias, obligan a los que no se quieren asociar con ellos a pagar su resistencia con la miseria. Siendo esto así, es preciso que los obreros cristianos elijan una de dos cosas: o dar su nombre a sociedades en que se ponga a riesgo su religión, o formar ellos entre sí sus propias asociaciones, y juntar sus fuerzas de modo que puedan valerosamente, libertarse de aquella injusta e intolerable opresión. Y que se deba optar absolutamente por este último, ¿quién habrá que lo dude, si no es el que quiera poner en inminentísimo peligro el sumo bien del hombre?

38. Sindicatos católicos

Muy de alabar son algunos de los nuestros que conociendo bien lo que de ellos exigen los tiempos, hacen experiencias y prueban cómo podrán con medios honestos mejorar la suerte de los proletarios. Constituyéndose sus protectores, tratan de promover el bienestar, así de sus familias como de sus individuos; de establecer sobre bases equitativas las relaciones entre patronos y obreros, vivificar y robustecer en los unos y en los otros la conciencia de sus deberes y la observancia de los preceptos evangélicos; son éstos los preceptos que, apartando al hombre de todo exceso, le impiden traspasar los debidos límites, y por muy desigual que sea la condición de las personas y de las cosas, mantienen la armonía en la sociedad civil. A este fin, vemos que se reúnen en congresos hombres excelentes para comunicar sus pensamientos, juntar sus fuerzas y discutir sobre lo que más conviene. Esfuérzanse otros en congregar en convenientes asociaciones las diversas clases de obreros, los ayudan con su consejo y con sus recursos y proveen que no les falte trabajo honesto y provechoso. Danles ánimo y extienden a ellos su protección los Obispos. Bajo su autoridad y auspicios, muchos individuos del clero secular, y del regular, tratan de suministrar a los asociados cuanto a la cultura del alma pertenece. Finalmente, no faltan católicos muy ricos que, haciéndose en cierto modo compañeros de los obreros, se esfuerzan a costa de mucho dinero, por establecer y propagar en muchas partes estas asociaciones, con la ayuda de las cuales, y con su trabajo, pueden fácilmente los obreros procurarse, no sólo algunas comodidades en el presente, sino también la esperanza de un honesto descanso en el porvenir. El bien que tan múltiple y tan activa industria ha traído a todos es demasiado conocido para que debamos decirlo. Por estos motivos concebimos buenas esperanzas para el futuro, si semejantes asociaciones van constantemente en aumento y se constituyen con una prudente organización. Proteja el Estado tales asociaciones, que en uso de su derecho forman los ciudadanos; pero no se entrometa en su ser íntimo y en las operaciones de su vida, porque la acción vital procede de un principio interno, y con un impulso externo fácilmente se destruye.

39. Organización de las asociaciones obreras católicas

Para que en las operaciones haya unidad y en las voluntades unión, son, por cierto, necesarios una organización y un reglamento prudentes. Por lo tanto, si los ciudadanos tienen libre facultad de asociarse como, en verdad la tienen, menester es que tengan también derecho para elegir libremente aquella disciplina y aquellas leyes que son más indicadas para conseguir el fin que se proponen. Cuál ha de ser en cada una de sus partes la organización y disciplina de las asociaciones de que hablamos, creemos que no se puede determinar con reglas ciertas y definidas puesto que depende esta determinación de la índole de cada pueblo, de los ensayos que acaso se han hecho y de las experiencias, de la naturaleza del trabajo y de la cantidad de provecho que deja, de la amplitud de las actividades y de otras circunstancias, así de las cosas como de los tiempos, que se han de pesar prudentemente. Pero en cuanto a la sustancia de la cosa, lo que como ley general y perpetua debe establecerse es, que en tal forma se han de constituir y de tal manera gobernar las asociaciones de obreros, que les proporcionen modos aptísimos y de los más fáciles para el fin que se proponen, el cual consiste en que consiga cada uno de los asociados, en cuanto sea posible, un aumento de los bienes de su cuerpo, de su alma y de su fortuna.

Mas es clarísimo que a la perfección de la piedad y de las costumbres hay que atender como a fin principal, y que él debe ser, ante todo, el que rija íntimamente el organismo social. Pues, de lo contrario, degenerarían en otra suerte de sociedades, y valdrían poco más que las asociaciones, en que ninguna cuenta se suele tener de la religión. Por lo demás, ¿qué le importa al obrero haberse hecho rico con la ayuda de la asociación, si por falta de su alimento propio corre su alma peligro de perderse? ¿De qué le sirve al hombre ganar todo el mundo, si pierde su alma? (41) Esto dice Jesucristo, que se debe tener por nota distintiva entre el cristiano y el gentil: porque los gentiles se afanan por todas estas cosas... buscad primeramente el reino de Dios y su justicia, y todas estas cosas serán añadidura (41).

Fomento de la Religión en el obrero

Comenzando, pues por Dios, dése muchísimo lugar a la instrucción religiosa; que cada uno conozca los deberes que tiene para con Dios; que sepa bien lo que ha de hacer para conseguir su salvación efectiva; y con especial cuidado se le arme contra las opiniones erradas y los varios peligros de corrupción. Excítese al obrero a dar a Dios el culto que le es debido, y al amor a la piedad, y en particular a guardar religiosamente los días festivos. Aprenda a respetar y amar la Iglesia, Madre común de todos, y asimismo a obedecer sus preceptos y frecuentar sus sacramentos, que son los instrumentos que nos ha dado Dios para lavar las manchas del alma y adquirir la santidad.

40. Funciones y relaciones mutuas

Puesto en la religión el fundamento de las leyes sociales, llano está el camino para establecer las relaciones mutuas de los asociados, de modo que se siga la paz de la sociedad y su prosperidad. Distribúyanse los cargos sociales de un modo conveniente a los intereses comunes y de tal suerte que la diversidad no disminuya la concordia. Repartir los oficios con inteligencia y definirlos con claridad, es importantísimo para que no se lastime el derecho de ninguno. Adminístrense los bienes comunes con integridad, de modo que la necesidad de cada uno sea la medida del socorro que se dé; y armonícense convenientemente los derechos y deberes de los patrones con los derechos y deberes de los obreros. Para el caso en que alguno de la una o de la otra clase (de patronos o de obreros) creyese que se les había faltado en algo, lo que sería más de desear es que hubiese, en la misma corporación, varones prudentes e íntegros, a cuyo arbitrio tocase, por virtud de las mismas leyes sociales, dirimir la cuestión. Débese también con grande diligencia proveer que al obrero en ningún tiempo le falte abundancia de trabajo y que haya subsidios suficientes para socorrer la necesidad de cada uno, no sólo en los accidentes repentinos y fortuitos de la industria, sino también cuando la enfermedad o la vejez, u otra desgracia pesase sobre alguno.

Benéfico influjo de las asociaciones en la prosperidad

Con estas leyes, si se quieren aceptar, basta para proveer a la utilidad y bienestar de los pobres; y las asociaciones de los católicos influirán no poco en la prosperidad de la sociedad civil. No es temerario de los sucesos pasados sacar el pronóstico de los futuros. Sucédense los tiempos unos a otros pero hay en los acontecimientos extrañas semejanzas, porque los rige la providencia de Dios, el cual gobierna y encamina la continua sucesión de las cosas al fin que se propuso al crear el género humano. A los cristianos en la primera edad de la naciente Iglesia sabemos que se les echaba en cara que en su mayor parte vivían o de pedir limosna o de trabajar. Pero destituidos de riquezas y de poder, lograron, sin embargo, ganarse el favor de los ricos y el patrocinio de los poderosos. Veíaseles activos, laboriosos, pacíficos, guardadores ejemplares de la justicia y sobre todo de la caridad. A la vista de tal vida y tales costumbres, se desvaneció toda preocupación, enmudeció la maledicencia de los malévolos y las ficciones de una superstición inveterada cedieron poco a poco a la verdad cristiana.

*Perspectivas de éxito de las
Asociaciones cristianas*

Dispútase ahora de la cuestión obrera, e importa muchísimo al Estado que la solución que se dé a este problema sea razonable. La solución razonable la darán los obreros cristianos, si, unidos en sociedad, y valiéndose de prudentes consejeros entran por el camino que con singular provecho suyo y público, siguieron sus padres y antepasados. Pues, por grande que en el hombre sea la fuerza de las preocupaciones y de las pasiones, sin embargo, si una depravada voluntad no ha embotado por completo el sentimiento del bien, espontáneamente se inclinará más la benevolencia de los ciudadanos a los que vieren laboriosos y modestos, los que anteponen la equidad a la ganancia y el cumplimiento religioso del deber a todas las cosas. De donde se seguirá también esta ventaja: que se dará una pequeña esperanza, y aun posibilidad de remedio, a aquellos obreros que, o han perdido por completo la fe cristiana, o llevan una vida contraria a sus creencias. A la verdad, entienden éstos muchas veces que los han engañado con falsas esperanzas y vanas ilusiones porque se sienten que son muy inhumanamente tratados por amos codiciosos que no los estiman sino a medida del lucro que con su trabajo les producen; y que en las sociedades en que se han metido, en vez de caridad y amor, hay internas discordias, compañeras perpetuas de la pobreza, cuando a ésta le falta el pudor de la fe. Quebrantados de ánimo y extenuados de cuerpo, cuánto quisieran muchos de ellos verse libres de tan humillante servidumbre; pero no se atreven, porque se lo estorba el respeto humano o el temor de caer en indigencia. Ahora bien: para salvar a todos estos, no es decible, cuánto pueden aprovechar las asociaciones de los obreros católicos, si a los que vacilan los invitan a su seno allanándoles las dificultades, y a los arrepentidos los admiten a su confianza y protección.

EPÍLOGO

41. Mejorar la condición del obrero es obra de todos

Aquí tenéis, Venerables Hermanos, quiénes y de qué manera deben trabajar en esta dificilísima cuestión. Aplíquese cada uno a la parte que le toca, y prontísimamente; no sea que con el retraso de la medicina se haga incurable el mal, que es ya tan grande. Den leyes y ordenanzas previsoras los que gobiernan los Estados; tengan presentes sus deberes los ricos y los patronos; esfuércense, como es justo, los proletarios, a quienes pertenece esta causa; y puesto que la religión, como al principio dijimos, es la única que puede arrancar de raíz el mal, pongan todos la mira principalmente en restaurar las costumbres cristianas, sin las cuales esas mismas armas de la prudencia, que se piensa son muy idóneas, valdrán muy poco para alcanzar el bien deseado.

La Iglesia, por lo que a ella le toca, en ningún tiempo y de ninguna manera consentirá que se eche de menos su acción; y será la ayuda que preste tanto mayor, cuanto mayor sea la libertad de acción que se le deje; y esto entiéndanlo bien particularmente aquellos cuyo deber es mirar por el bien público. Apliquen todas las fuerzas de su ánimo y toda su industria, los sagrados ministros; y precediéndolos vosotros Venerables Hermanos, con la autoridad y con el ejemplo no ceséis de inculcar a los hombres de todas las clases, las enseñanzas de vida tomadas del Evangelio; con cuantos medios puedan, trabajen en bien de los pueblos, y especialísimamente procuren conservar en sí, y excitar en los otros, lo mismo en los de las clases más altas, que en los de las más bajas, la caridad, señora y reina de todas las virtudes.

Efusión de caridad.
Bendición Apostólica

Porque la salud que se desea, principalmente se ha de esperar de una grande efusión de caridad; es decir de caridad cristiana, en que se compendia la ley de todo el Evangelio, y, que dispuesta siempre a sacrificarse a sí misma por el bien de los demás, es para el hombre, contra la arrogancia del siglo y el desmedido amor de sí, antídoto certísimo, virtud cuyos oficios y divinos caracteres describió el apóstol Pablo con estas palabras: La caridad es paciente, es benigna; no busca sus provechos; todo lo sobrelleva; todo lo soporta (43).

En prenda de los divinos dones, y en testimonio de nuestra benevolencia, a cada uno de vosotros, Venerables Hermanos, y a vuestro clero y pueblo, damos amantísimamente en el Señor, la apostólica bendición.

Dado en Roma, en San Pedro,
el 15 de mayo del año 1891,
de nuestro Pontificado el décimocuarto.

Leo PP. XIII

NOTAS

(1) Diuturnum Illud (29-6-1881)
(2) Libertas (20-6-1888)
(3) Immortale Dei (1-11-1885)
(4) En Graves de Communi, insistirá León XIII, y en Singulari quadam, Pío X, que la "custión social" no es solo una cuestión económica sino también moral y religiosa.
(5) Deut. 5, 21.
(6) Gen. 1, 28.
(7) S. Tom 2, 2, q. 10 a 12.
(8) Gen. 3, 17.
(9) Jac. 5, 4.
(10) II Tim. 2, 12.
(11) II Cor. 4, 17.
(12) Mat. 19, 23-24.
(13) Luc. 6, 24-25.
(14) S. Thom. 2, 2, q. 66 a 2.
(15) S. Thom. 2. 2. q. 66 a 2.
(16) S. Thom. 2. 2. q. 32 a 6.
(17) Luc. 11. 41.
(18) Hech. 20, 35.
(19) Mat. 25, 40.
(20) S. Greg. Mag. In Evang. Hom. IX, n. 7.
(21) II Cor. 8, 9.
(22) Mc. 6, 3.
(23) Mat. 5, 2.
(24) .Mat. 9, 28.
(25)) En: Notre Charge Apostoliqiue (23-8-1910) Pío X condenará la doctrina errónea de

Le Sillon que éste había elaborado acerca de las bases y consecuencias de la fraternidad Humana.

(26) Radix omnium malorum est cupiditas, La raíz de todos los males es la concupiscencia, I Tim. 6, 10.

(27) Hech., 4, 34.

(28) Tert. Apol. 2, 30.

(29) S. Thom. 2, 2, q. 61 a. 1 ad. 2.

(30) S. Thom. De Reg. Princ. I c. 15.

(31) Gen. 1, 28.

(32) Rom. 10, 12.

(33) Ex. 20, 8.

(34) Gen. 2, 2.

(35) Gen. 3, 19.

(36) Ecl. 4, 9-18.

(37) Prov. 18, 19.

(38) S. Thom. contra impugn. cultum et religionem cap II. En: Langenieux (6-1-1896) León en Carta al Cardenal Langenieux (6-1-1896) León XIII se referirá a las Asociaciones diciendo: "Cuando se trata de agruparse en sociedades, es necesario cuidarse bien de no caer en error. Aquí Nos queremos hablar nominalmente de los obreros, quienes tienen, ciertamente, el derecho de unirse en asociaciones, a fin de promover sus intereses. La Iglesia lo consciente y la naturaleza no se opone a ellos".

(39) S. Thom. contra impugn. cap. II

(40) S. Thom. 1, 2, q. 93 a. 3 ad 2. "La ley humana, en tanto tiene razón de ley den

cuanto se conforma con la recta razón y, precisamente por esto, es manifiesto que se deriva de la ley eterna. Mas en cuanto se aparta de la razón, se llama ley inicua, y así no tiene ser de ley, sino más bien de cierta violencia"

(41) Mat. 16, 26.
(42) Mat. 6, 32.33.
(43) I Cor. 13, 4-7.

Otras publicaciones de

San Lino Libros

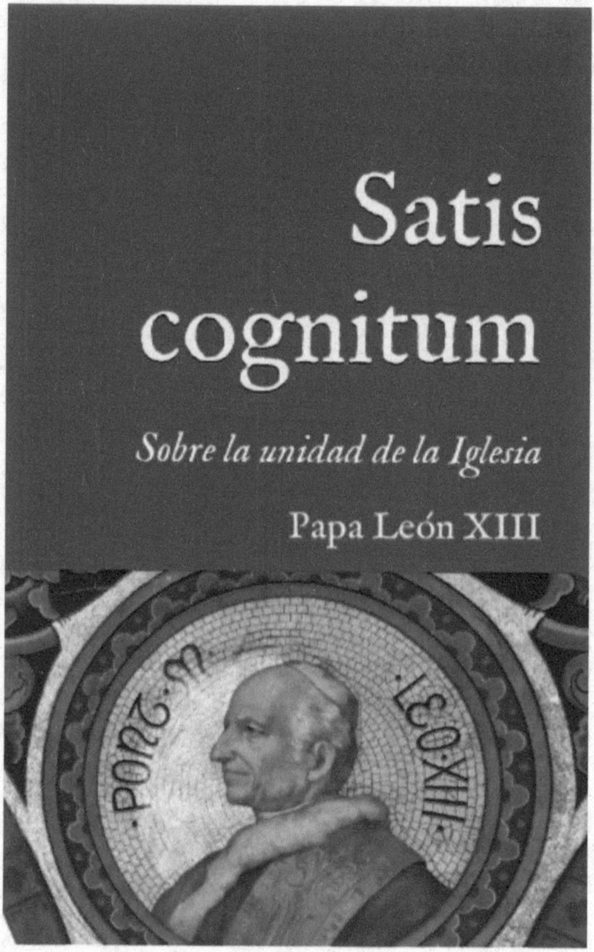

Esta primera edición
de

Rerum novarum

Encíclica sobre la cuestión obrera

se da a la imprenta
el 8 de enero de 2024,
festividad de
San Luciano.

LAUS DEO

www.ingramcontent.com/pod-product-compliance
Lightning Source LLC
Chambersburg PA
CBHW012259240726
48656CB00007B/2455